Bernhard Helminger und Sitta Kleinschmid

Wien

Einst Hauptstadt eines Imperiums, heute Kulturmetropole in Europa

Colorama

Judenplatz
Ruprechtskirche
Maria am
Gestade
Jesuiten-
kirche
Hof
Urania
Stephansdom
Hoher Markt
Anker Uhr
Johann-Strauss-Denkmal
Stadtpark
Dominikanerkirche
erskirche

Impressum

Gesamtkonzept, Text und Layout:
Bernhard Helminger

Fotos: Katrin Georg, Bernhard Helminger, Reinhard Tripp, Gerhard Vlcek u. a.

Lektorat: Sitta Kleinschmid (Inhalt), Anne Nordmann (Stil, Rechtschreibung)

ISBN: 978-3-902692-33-7
Erste Auflage/Oktober 2011

Herausgeber:
Colorama Verlagsgesellschaft mbH,
5020 Salzburg, Gabelsbergerstraße 25,
Tel. +43 (0)662 840899–0, Fax DW 44,
office@colorama.at, www.colorama.at

Druck: Colordruck Salzburg GmbH

Printed in Austria

Bernhard Helminger bedankt sich bei allen, die zum Gelingen dieses Bildbands beigetragen haben: Susanne Leibrecht, Reinhard H. Gruber, Florian Monheim, Daniela Tollmann, Roman Szczepaniak, Dietmar Vettermann, Martin Czernin, Konstanze Kathan, Birgit Watzinger, Rainer Fankhauser, Berufsfeuerwehr der Stadt Wien, Paul K. A. Kunsky, Alfred Kriegler, Monika Frassine, Monika Scheinost, Maria Gattringer, Erich Peischl, Michael Unger, Olivia Harrer, Reinhard Tripp, Sabine Schally, Jörg Buß, Maria Wiesinger, Renate Scharringer, Irina Abajew, Theresia Pircher, Anja Reisch, Gertrude Salomon, Vivienne Kaier.

Inhaltsverzeichnis

Der
Stephansdom 6

Unterwegs im Wien
des Mittelalters 14

Das kaiserliche Wien:
Die Hofburg 28

Wiens Prachtstraße:
Der „Ring“ 40

Barockschlösser Schön-
brunn und Belvedere 66

Modernes,
lebenswertes Wien 78

Der Stephansdom

Der Stephansdom ist das Wahrzeichen Wiens und das bedeutendste gotische Bauwerk Österreichs.

An der Stelle dieses monumentalen Gebäudes stand bereits 1147 – inmitten eines Friedhofes – eine romanische Kirche. Die Westfassade des heutigen Baus mit ihren beiden Heidentürmen und dem Riesentor stammt noch aus dem 13. Jahrhundert.

Zwischen 1304 und 1340 ließen die Herzöge Albrecht I. und Albrecht II. den Albertinischen Chor errichten; 1433 wurde der knapp 137 Meter hohe Südturm vollendet. Ein Sonderfall ist der kleine Nordturm, den der Baumeister Hans Puchsbaum um 1450 eigentlich noch größer und prunkvoller als den Südturm geplant hatte. Bis heute ist ungeklärt, ob die Arbeiten im Jahr 1515 aus wirtschaftlichen Gründen eingestellt wurden, oder ob der gotische Baustil bereits damals nicht mehr dem Zeitgeist entsprach. In jedem Fall misst der Turm heute nur 68 Meter. Seinen Abschluss, eine markante Renaissance-Haube der Brüder Saphoy, erhielt der Torso erst 1578.

Einige Teile der Innenausstattung wie die Domkanzel und der Orgelfuß (erbaut zwischen 1511 und 1516) gehen auf den Bildhauermeister Anton Pilgram zurück. Nach einer Barockisierung ab Mitte des 17. Jahrhunderts ist dieses gotische Inventar heute jedoch nur noch lückenhaft vorhanden. Keiner der ehemals 34 gotischen Flügelaltäre ist erhalten geblieben. Der Wiener Neustädter Altar von 1447, ein kunstgeschichtlicher Schatz der heutigen Ausstattung, kam erst 1883 in die Domkirche.

Während der Dom im Zweiten Weltkrieg kaum beschädigt wurde, richtete ein von Plünderern gelegtes Feuer im April 1945 großen Schaden an. Der Dachstuhl brannte aus, die große, 22 Tonnen schwere Domglocke, die „Pummerin", stürzte aus dem Glockenstuhl in die Tiefe. Der Wiederaufbau des Doms begann sofort nach Kriegsende; 1952 wurde er mit dem Einzug der neu gegossenen Glocke wieder eröffnet.

Bild oben: Das Altarbild der Schottenkirche von 1474 zeigt den Stephansdom bereits weitgehend so, wie wir ihn heute kennen.

*Der **Südturm** des Stephansdoms ragt mit einer Höhe von knapp 137 Metern über die Wiener Innenstadt (großes Bild). Die Westfassade mit den beiden **Heidentürmen** stammt aus der spätromanischen Bauphase von 1230 bis 1245 (Bild oben rechts).*

*Anders als vergleichbare europäische Kathedralen verfügt der Stephansdom nicht über einen ausgedehnten Vorplatz. Der kleine **Stephansplatz** steht in keinem Verhältnis zur mächtigen Domkirche (Bild rechts).*

Die **Wimperge** genannten giebelartigen Krönungen der Fassade (Bild oben) findet man häufig bei gotischen Gebäuden, sie vermindern den Winddruck auf das Dach. Hier helfen sie, rund 230.000 Ziegel zu halten. ***Fialen,*** schlanke, spitz auslaufende Türmchen beschweren die Strebepfeiler und stabilisieren die Konstruktion nach unten (Bild unten).

*Das **Haupt- oder Mittelschiff** des Doms (Bild rechts). Der **Hochaltar** (oben links) ist ein frühbarockes Meisterwerk der Gebrüder Pock. Ein weiterer kunstgeschichtlicher Schatz ist die **Dienstbotenmadonna.** Diese Gnadenfigur stammt aus der Zeit zwischen 1280 und 1320 (Bild Mitte).*

Meisterwerke der Gotik im Stephansdom *(im Uhrzeigersinn, beginnend oben links): Der* **Wiener Neustädter Altar** *von 1447; das eindrucksvolle* **gotische Deckengewölbe** *der dreischiffigen Kathedrale; am Orgelfuß das* **Selbstporträt Meister Anton Pilgrams,** *der zwischen 1511 und 1516 wesentliche Teile im Inneren des Doms schuf; Detail am Fuße der Pilgramkanzel:* **der Fenstergucker; die Pilgramkanzel** *(Bild Seite 12).*

W
HAUS MIT
GOTISCHEM
WOHNTURM

Unterwegs im Wien des Mittelalters

Im 9. Jahrhundert besaß Wien zwar eine Burg, einen Markt (Hoher Markt) und eine Kirche (Ruprechtskirche), geschichtliche Bedeutung erhielt die Stadt aber erst ab 1130, als die Babenberger den Handelsplatz erwarben. Der sich sodann rasant vollziehende Aufstieg Wiens hing eng mit Heinrich II. (1107–1177) zusammen, der Wien 1145 zur Hauptstadt des späteren Herzogtums Ostarrichi (Österreich) machte. An einem Platz, der heute noch „Am Hof" genannt wird, ließ er einen Palast samt Wirtschaftsgebäuden errichten. Im Jahr 1147 wurde, damals noch außerhalb der Stadtmauern, eine kleine Kirche geweiht – dort, wo heute der Stephansdom steht. Heinrich II. stiftete auch das Schottenkloster, in dem er selbst begraben liegt.

Herzog Leopold V. (1157–1194) ließ mächtige Stadtmauern errichten, die beiden Haupttore zur Stadt waren im Mittelalter das Kärntnertor im Süden und das Rotenturmtor im Norden. Die Kärntnerstraße wurde erstmals 1257 erwähnt, zwischenzeitlich hieß sie auch Karnerstraße und später Venedigerstraße, da sie im weiteren Verlauf bis nach Venedig führte. Zentraler Ort des Adriahandels war der Neue Markt, der mit der Größe von zwei Fußballfeldern ausreichend Platz für die unzähligen Händler, Handwerker und Kaufleute bot.

Da die Stadt rasch wuchs, folgten dem Schottenstift bald weitere Klöster: zuerst das der Franziskaner, dann das der Dominikaner und schließlich das der Augustiner. Um 1500 versorgten 750 Mönche die etwa 20.000 Einwohner Wiens. Bereits 1237 wurde eine „Schule bei St. Stephan" erwähnt; gegenüber der Domkirche befindet sich bis heute die um 1320 gegründete Feldapotheke „Zum goldenen Greif", nun „Alte Feldapotheke".

Große Gefahr ging von Stadtbränden aus, die oft bis zu einem Drittel der Stadt zerstörten. Beim Bau der Stadtmauer perfektionierte man das Bauen mit Stein, Dächer wurden mit Ziegeln gedeckt, es folgten Rauchfänge, Feuermauern und Zinnen.

In Aufzeichnungen aus dem 13. Jahrhundert wurde auch ein Henker erwähnt, der später sein Quartier in der Rauhensteingasse bezog. Dieses Schergenhaus diente auch als Gefängnis und Folterkammer. Kaiser Ferdinand I. brachte um 1500 eine Art Tennisspiel aus Spanien mit nach Wien, woraufhin Ballspielhäusern entstanden. Bis in unsere Zeit erinnern Straßennamen wie Ballgasse oder Ballhausplatz (heute Sitz des Bundeskanzleramtes) daran.

Bild oben: Historische Ansicht Wiens in der 1493 erschienenen Weltchronik von Hartmann Schedel.
Bild links: Die Griechengasse.

METRO
italic
FRÍCK Books
H&M
Triumph
EMI

*Die **Kärntner Straße** (Bild Seite 16) gab es in Wien schon zu Zeiten der Römer. Im Mittelalter verband sie das Stadtzentrum mit dem Kärntner Tor, heute ist sie eine Einkaufsstraße, wie man sie in jeder größeren europäischen Stadt findet. Das älteste noch bestehende Haus in der Kärntner Straße, das **Palais Esterhàzy,** beherbergt heute ein Spielcasino (Bild Mitte links).*

*Parallel zur Kärntner Straße verläuft der Neue Markt mit der **Kapuzinerkirche** (Bild Mitte rechts), unter der sich die **Kaisergruft** befindet. Ab 1633 wurden (mit einer Ausnahme) alle deutschen und österreichischen Kaiser hier beigesetzt. Das große Bild oben zeigt die Grabstätten von Kaiserin Elisabeth („Sisi", 1837–1898, Sarg links), Kaiser Franz Joseph I. (1830–1916, Mitte) und Kronprinz Rudolf (1858–1889, rechts).*

*Der **Graben** (Bild oben) ist eine weitere beliebte Einkaufsstraße in Wien. Aufgrund der hohen Dichte an Juwelieren und Boutiquen mit Nobelmarken wird der **Kohlmarkt** (Bild unten) gerne als Luxusmeile bezeichnet. Der Name stammt noch aus dem 14. Jahrhundert, als hier Holzkohle verkauft wurde. Im Bildhintergrund ist das Michaelertor der Hofburg zu sehen (siehe ab Seite 28).*

Nur wenige Meter vom Graben entfernt stand bereits im Mittelalter eine Kirche. Nach einem Brand 1661 übernahm der berühmte Baumeister Lucas von Hildebrandt 1703 den Auftrag, einen Neubau an diese Stelle zu setzen, die barocke ***Peterskirche*** *(Bild oben).*

Die Wiener Kaffeehaustradition

Im Jahr der Türkenbelagerung 1683 erhielt der Wiener Georg Kolschitzky als Dank für seine Kundschafterdienste für das kaiserliche Heer einige Ladungen türkischer Kaffeebohnen. Damit gründete er das erste Wiener Kaffeehaus.

Allen Stilwandlungen zum Trotz ist sich das Kaffeehaus in seiner Einrichtung über die Jahrhunderte hin treu geblieben: im Mittelpunkt die Anrichte mit einem Zeitungstisch, an den Wänden möglichst große Spiegel sowie Marmortische mit Plüschbänken und Stühlen.

Das Wiener Kaffeehaus ist vor allem ein Ort der Ruhe, hier wird das Kaffeetrinken zelebriert. Stundenlang kann man Zeitungen lesen und dabei Kaffee auf bis zu 24 verschiedene Zubereitungsarten trinken. Nicht weniger als 1000 Kaffeehäuser findet man in Wien, das Kleinste am Franziskanerplatz („Kleines Café"), die Größten an der Ringstraße.

Legendär ist das Kaffeehaus des 1911 geborenen ***Leopold Hawelka*** *(Bild oben). Weiters:* ***Café Sperl*** *im sechsten Wiener Gemeindebezirk (Mitte); das 1824 gegründete* ***Café Frauenhuber*** *in der Himmelpfortgasse (rechts unten);* ***Café Landtmann*** *an der Ringstraße (unten).*

Weitere berühmte Kaffeehäuser: ***Café Central*** *in der Herrengasse (oben links);* ***Café Prückel*** *an der Ringstraße (oben rechts);* ***Café Sacher*** *(links) und die* ***Konditorei Demel*** *am Kohlmarkt (Mitte rechts).*

Mit ihren prächtigen Stadtpalästen ist die ***Freyung*** *(Bild rechts) einer der schönsten Plätze der Wiener Altstadt. Das im Jahr 1155 gegründete Schottenstift prägt bis heute den Platz. Die Freyung ist vor allem bekannt für ihre Märkte, insbesondere den Altwiener Christkindlmarkt oder den* ***Ostermarkt*** *(Bild Mitte).*

Im Palais Ferstel stößt man auf einen wunderbaren, mit Marmor verkleideten ***Säulengang (Freyung Passage),*** *der den Platz mit der Herrengasse verbindet (Bild oben).*

APOTHEKE
KRÄUTER
MAG.KOTTAS
MAG.KOTTAS

Historisch bedeutend ist der Platz Am Hof: Hier, im Zentrum des mittelalterlichen Wiens, residierten zwischen 1155 und etwa 1280 die Vorgänger der Habsburger, die Babenberger. Die ***Alte Jesuitenkirche*** *(Bild oben) ist im Kern gotisch, erhielt aber nach einem Brand 1607 eine eind:rucksvolle Barockfassade.*
Bild unten: Der ***Judenplatz*** *war im Mittelalter der Mittelpunkt der jüdischen Gemeinde in Wien.*

Die im Jahr 1914 fertiggestellte ***Ankeruhr am Hohen Markt*** *ist ein Meisterwerk des Jugendstils (großes Bild oben). In der von 1709 bis 1714 von Johann Bernhard Fischer von Erlach erbauten* ***Böhmischen Hofkanzlei*** *befindet sich heute der Verfassungsgerichtshof (Bild Mitte).*
Maria am Gestade *ist eine der ältesten Kirchen in Wien, ihr typisch gotischer Turmhelm wurde 1428 vollendet (Bild links).*

*Die erstmals 1200 urkundlich erwähnte **Ruprechtskirche** (Bild oben) ist die älteste noch erhaltene Kirche Wiens. Das Gotteshaus ist dem heiligen Rupert, dem Schutzpatron der Salzschiffer und Stadtgründer Salzburgs geweiht.*

*Mehr als 40 Jahre, bis 1674, dauerte der Bau der barocken **Dominikanerkirche** (Bild oben rechts), Wiens zweitgrößtem Gotteshaus. Dem Bildhauer Andrea Pozzo verdankt die frühbarocke **Jesuitenkirche** ihr heutiges Aussehen (unten rechts).*

Bild oben links: Die ***Blutgasse.*** *In der* ***Domgasse*** *(oben rechts), im Haus Nr. 5, erinnert ein Museum an Mozart, der zwei Jahre lang hier logiert hat. Die engen Gassen rund um die Ruprechtskirche sind eine beliebte Ausgehmeile, genannt* ***Bermudadreieck*** *(unten). Hier befindet sich die Keimzelle des heutigen Wiens, das im frühen Mittelalter auf den Ruinen des römischen Militärlagers Vindobona entstanden ist.*

Das kaiserliche Wien: Die Hofburg

Nicht mehr exakt zu datieren, etwa um die Mitte des 13. Jahrhunderts, begann der böhmische König Ottokar II. Premysl mit dem Bau einer Burg und eines Burggrabens. Es war genau an dem Ort, an dem sich heute der Schweizertrakt der Hofburg befindet. Als dieses Gebäude – kein Palast, eher eine Befestigungsanlage mit Wohnturm – 1279 erstmals urkundlich erwähnt wurde, war Ottokar bereits besiegt. Ihm folgte Rudolf I. als erster römisch-deutscher König aus dem Geschlecht der Habsburger.

Die Hofburg ist kein einheitlicher Bau, vielmehr ist sie im Laufe von sechs Jahrhunderten gewachsen: von Ferdinand I. (Regierungszeit 1531–1564), dem ersten Habsburger, der sich in Wien zu Hause fühlte, bis zu Franz Joseph I. (1848–1916, Bild oben), der die Weichen stellte, um Wien zur Weltstadt werden zu lassen, wurde an diesem unregelmäßigen Gebäudekomplex immer weitergebaut. Meist geschah dies ohne Rücksicht auf den architektonischen Zusammenhang, sodass sich das riesige Ensemble heute als scheinbar zufälliges Nebeneinander verschiedenster Stile präsentiert.

Als Winterresidenz bewohnte Maria Theresia mit ihrem Gemahl Franz Stephan I. von Lothringen (1740–1765) die gegen den Inneren Burghof gelegene Zimmerflucht des Leopoldinischen Traktes. Er ist benannt nach ihrem Großvater, Leopold I. (1657–1705), der diesen besonders schönen Teil der Hofburg erbauen ließ. Ihr Sohn Josef II. (1780–1790) arbeitete in den unmittelbar daneben gelegenen Räumlichkeiten mit Aussicht auf die Gräben und Bastionen der Stadtbefestigung (den heutigen Heldenplatz). Josefs Bruder und Nachfolger auf dem Thron, Leopold II. (1790–1792), verbrachte seine kurze Regierungszeit im Amalientrakt, dem im 15. Jahrhundert erbauten und von Rudolf II. (1576–1612) umgebauten nordwestlichen Abschluss des Inneren Burghofs. Genau gegenüber, im Schweizerhof, schlug Franz II. (1792–1835) sein recht bürgerliches Quartier auf. Ab 1804 war er als Franz I. erster Kaiser von Österreich und zugleich bis 1806 letzter Kaiser des Heiligen Römischen Reiches. Sein Sohn Ferdinand (1835–1848) bevorzugte den Leopoldinischen Trakt.

Neffe und Nachfolger Franz Joseph I. war jener Monarch, der sich den prunkvollen Nordostflügel der Burg, die von Karl VI. (1711–1740) erbaute und erst Ende des 19. Jahrhunderts vollendete Reichskanzlei, zum Wohnsitz wählte. Karl I. schließlich, der letzte österreichische Kaiser (1916–1918), amtierte im Amalientrakt. Der Innere Burghof, auch Franzensplatz genannt, ist also buchstäblich ringsum von kaiserlichen Wohnräumen umgeben.

*Die **Neue Hofburg** (Bild oben) ist das jüngste Bauwerk im Kaiserviertel, es zählt zu jenen Gebäuden des Historismus, die ab 1860 entlang der Ringstraße errichtet wurden. Die beiden Reiterdenkmäler vor der Neuen Hofburg stellen die Feldherren Erzherzog Karl und Prinz Eugen dar.*
*Das **Äußere Burgtor,** auch Heldentor genannt (Bild Seite 33, links), entstand 1821–1824, nachdem Napoleons Truppen das alte Tor gesprengt hatten. Bild Seite 33, rechts: Der **Festsaal der Neuen Hofburg.***

*Bild Seiten 30/31: Joseph Emanuel Fischer von Erlach, der Sohn des großen Barockbaumeisters, plante den **Michaelertrakt** bereits 1726. Aber erst etwa 150 Jahre später, nach der Übersiedlung des alten Burgtheaters an die Ringstraße, konnte dieses Bauwerk mit Tor und prächtiger Kuppel realisiert werden.*

IVSTITIA REGNORVM FVNDAMENTVM

*Der **Lipizzaner** (Bild Seite 34) ist die älteste Kulturpferderasse der Welt. Seine wichtigste Zuchtstätte ist die 1565 gegründete **Spanischen Hofreitschule,** die ursprünglich der reiterlichen Ausbildung der kaiserlichen Familie diente und heute zum UNESCO-Weltkulturerbe zählt. Vorführungen in der 1735 eröffneten **Winterreitschule** (großes Bild oben und links) sind ebenso Besuchermagneten wie Führungen durch die Stallburg vis-à-vis (Bild Mitte).*

Durch das rot-schwarze ***Schweizertor*** *(Bild oben), einem prunkvollen Portal mit kaiserlichem Adler, gelangt man in den Schweizerhof. Dieser entspricht in seiner Form der im 13. Jahrhundert errichteten Burg, wurde jedoch Mitte des 16. Jahrhunderts im Renaissancestil umgebaut. Im Schweizerhof stößt man auf die Burgkapelle sowie die* ***Schatzkammer,*** *eine Abteilung des Kunsthistorischen Museums. Bilder rechts (von oben nach unten):* ***Österreichische Kaiserkrone; Thron-Wiegenbett,*** *Geschenk der Stadt Paris an Napoleon Bonaparte und Marie-Luise;* ***Smaragdgefäß von 1641*** *mit einem der größten Smaragde der Welt.*

Die Hofbibliothek (heute ***Österreichische Nationalbibliothek****) wurde nach den Plänen von Johann Bernhard Fischer von Erlach errichtet und 1735 fertig gestellt. Der barocke* ***Prunksaal*** *(Bild oben) zählt zu den eindrucksvollsten Bibliotheksräumen der Welt.*

Die ***Amalienburg*** *(Bild oben) zählt zu den ältesten Bauwerken der Hofburg, sie wurde als Residenz für Kaiser Rudolph II. (1552–1612) errichtet. Das Bauwerk stand ursprünglich frei, ist heute jedoch mit dem* ***Leopoldinischen Trakt*** *(im Bild links) und dem* ***Reichskanzleitrakt*** *(rechts) verbunden.*
Bild unten: Der ***Josefsplatz,*** *links der Eingang zur Nationalbibliothek, rechts der Redoutensaaltrakt.*

*Die **Albertina** im Palais Erzherzog Albrecht beherbergt eine bedeutende grafische Sammlung mit Exponaten von der Spätgotik bis hin zur zeitgenössischen Kunst (großes Bild oben).*
*In der 1349 geweihten **Augustinerkirche** gaben sich viele Habsburger das Jawort (Bild links). Bild Mitte:* ***Das Palmenhaus im Burggarten.***

Wiens Prachtstraße: Der „Ring"

Eine Stadtmauer rund um den Kern der Wiener Innenstadt gab es schon im Mittelalter. Nach der ersten Türkenbelagerung 1529 wurde diese Wehranlage aber noch einmal massiv verstärkt. Um freie Sicht auf mögliche Angreifer zu haben, legte man vor die Bastionen ein Glacis, einen 300 bis 400 Meter breiten Wiesenstreifen an.

Mitte des 19. Jahrhunderts, als die Stadtmauer längst jede militärische Bedeutung verloren hatte, standen die Befestigungen der rasanten Stadtentwicklung im Wege. Die Wiener hatten bereits begonnen, das nun parkartige Glacis mit seinen Erfrischungspavillons als Erholungsraum zu nutzen. Am 20. Dezember 1857 traf Kaiser Franz Joseph I. dann die Entscheidung, die Stadtmauer schleifen zu lassen und einen Boulevard an ihrer statt zu bauen.

Bis zum Sommer 1858 waren nicht weniger als 85 Projekte für den Grundplan der Ringstraße eingereicht, es sollte aber noch 16 Jahre dauern, ehe die Befestigungen zur Gänze abgerissen waren. An der nun entstehenden Prachtstraße wurde nicht nur das neue Rathaus gebaut, sondern es wurden auch großzügige Erholungsflächen wie der Stadtpark, der Burggarten, der Volksgarten oder der Rathauspark angelegt.

Was die architektonische Gestaltung der zwischen 1860 und 1890 errichteten Bauten an der Ringstraße betrifft, orientierte man sich überwiegend an älteren Stilrichtungen wie der Gotik, der Renaissance und dem Barock. Diesen Baustil nennt man heute Historismus oder – in der besonderen Wiener Ausprägung – den Ringstraßenstil.

Der Ring ist ein annähernd kreisförmiger Straßenzug mit gut fünf Kilometern Länge. Er ist unterteilt in neun Abschnitte, vom Stubenring bis zum Schottenring. Einzig der nordöstlich am Donaukanal gelegene Franz-Josefs-Kai durchbricht das strenge geometrische Muster der Straßenführung.

Neben der als Repräsentationsboulevard gedachten Ringstraße wurde eine parallel dazu verlaufende Lastenstraße geplant, die von den Wienern „Zweierlinie" genannt wird. Die Bezeichnung geht auf die Straßenbahnenlinien E2, G2 und H2 zurück, die 1980 durch die U-Bahn-Linie U2 ersetzt wurden.

Im folgenden Kapitel werden alle Gebäude entlang der Ringstraße oder der Zweierlinie behandelt, ungeachtet dessen, ob sie zu den typischen Ringstraßenbauten zählen oder – wie etwa die barocke Karlskirche – aus einer anderen Zeit stammen. Der fotografische Rundgang beginnt bei der Urania und endet am Schottenring.

*Die **Urania** (Bild oben) wurde 1909 nach den Plänen des Jugendstilarchitekten Max Fabiani, einem Schüler von Otto Wagner, erbaut; sie steht genau dort, wo die Wien in den Donaukanal mündet. In dem Gebäude sind heute die Volkshochschule, eine Sternwarte, ein Kino, das Urania-Puppentheater und ein Restaurant beheimatet.*

*Ludwig Baumann, einer der bekanntesten Vertreter des Neubarocks, plante in den Jahren 1909 bis 1913 das ehemalige **Kriegsministerium** (Bild rechts) am Stubenring. Heute haben verschiedene Ministerien ihren Sitz in diesem Gebäude.*

Als erster Museumsbau an der Ringstraße wurde ab 1869 das k.k. Österreichische Museum für Kunst und Industrie errichtet. Das von Heinrich von Ferstel entworfene Gebäude beherbergt heute das ***Museum für Angewandte Kunst (MAK).*** *Neben der Fassade im Neorenaissancestil (Bild links) ist auch die Säulenhalle architektonisch reizvoll (Bild oben).*

Im ***Wiener Stadtpark*** *befindet sich eines der am häufigsten fotografierten Denkmäler Wiens: das vergoldete* ***Bronzestandbild von Johann Strauss*** *(Sohn). Es stammt von Edmund Hellmer und wurde am 26. Juni 1921 enthüllt (Bild oben).*

Um ihren Bürgern mehr Möglichkeiten zur Erholung zu bieten, errichtete die Stadt Wien von 1865 bis 1867 einen ***Kursalon,*** *der sich heute als Veranstaltungsort für Bälle, Hochzeiten und andere Festlichkeiten etabliert hat (Bild rechts).*

*Der **Schwarzenbergplatz** ist nach dem siegreichen Feldherrn Karl Philipp Fürst zu Schwarzenberg benannt. Sein Reiterstandbild wurde von Ernst Hähnel geschaffen und 1867 vollendet (Bild oben).*

*Bild unten links: **Französische Botschaft;** anlässlich der Fertigstellung der Wiener Hochquellenwasserleitung im Jahr 1873 wurde am Schwarzenbergplatz der **Hochstrahlbrunnen** errichtet (Bild unten rechts).*

*Die **Karlskirche** (Bild Seite 46) zählt zu den bedeutendsten Barockkirchen nördlich der Alpen. Ihre italienische Prägung verdankt sie ihrem Baumeister, dem in Rom geschulten Johann Bernhard Fischer von Erlach, einem Stararchitekten der damaligen Zeit. Die Fassade entspricht einem griechischen Tempelportikus, die beiden flankierenden Säulen haben die Trajanssäule in Rom zum Vorbild (Bild oben) und auch die Wendeltreppen haben ihren Ursprung in der ewigen Stadt. Bild links: Blick zum **Hochaltar.***

Die Wiener Secession

Im Jahr 1897 spaltete sich eine Gruppe Bildender Künstler um den Maler Gustav Klimt vom konservativ geprägten Künstlerhaus ab und gründete die Vereinigung der Wiener Secession. Die Kunstrichtung, die diese Künstler verfolgten, wird heute auch als Wiener Jugendstil bezeichnet.

Unweit der Karlskirche befindet sich das Ausstellungshaus Secession (Bild oben rechts) und die von Otto Wagner geplante Stadtbahnstation Karlsplatz (unten rechts). Derselbe Architekt entwarf auch die Kirche am Steinhof (Bilder links) im 14. Wiener Gemeindebezirk.

Entlang der Zweierlinie, der parallel zum Ring angelegten, ehemaligen Lastenstraße, steht ein Gebäude, das für Musikliebhaber große Bedeutung hat: der 1870 eröffnete **Wiener Musikverein** (Bild oben). Im **Goldenen Saal des Musikvereins** (Bild links) findet alljährlich das Neujahrskonzert der Wiener Philharmoniker statt.

LINZ

Wiener Festwochen

*Als 1857 die Entscheidung zum Bau einer Prachtstraße fiel, wurde das damalige k.k. Hof-Operntheater – die heutige **Wiener Staatsoper** – als erster Monumentalbau dieser Straße geplant. Das Theater im Stil der Neorenaissance wurde von den Wiener Architekten August Sicard von Sicardsburg und Eduard Van der Nüll entworfen und mit der Uraufführung von Mozarts „Don Giovanni" am 25. Mai 1869 eingeweiht. Bilder dieser Seite: Die prunkvolle **Feststiege** (oben) und der **Zuschauerraum** (unten), der mehr als 2.000 Besuchern Platz bietet. Bild Seiten 50/51: Die **Staatsoper vom Ring aus betrachtet.***

*Der **Wiener Opernball** ist das wichtigste gesellschaftliche Ereignis Österreichs. Seine Ursprünge reichen bis ins Jahr 1877 zurück, als erstmals eine Hofopern-Soirée abgehalten wurde. Heute vergnügen sich rund 12.000 Gäste aus Kultur, Wirtschaft und Politik in der Staatsoper. (Ihr Umbau in einen prächtigen Ballsaal muss in nur 70 Stunden bewerkstelligt werden.)*

Die beiden Gebäude des ***Kunsthistorischen*** *und* ***Naturhistorischen Museums*** *(Luftaufnahme Seiten 56/57) sind exakt symmetrisch angelegt. Sie sind Teil des nur partiell vollendeten Kaiserforums, einem von Gottfried Semper erdachten Architekturprojekt, das die Krönung der Ringstraße hätte werden sollen. Das Denkmal zwischen den beiden Zwillingsmuseen zeigt Kaiserin Maria Theresia. Das „Kunsthistorische" ist aus den Sammlungen der Habsburger hervorgegangen und zählt zu den weltweit bedeutendsten Museen dieser Art.*

Bilder dieser Seite: ***Fassade*** *des Naturhistorischen (rechts),* ***Stiegenaufgang*** *und* ***Vestibül*** *im Kunsthistorischen (unten).*

bwin

Bedeutende Exponate aus dem Kunsthistorischen Museum: ***Rembrandts*** *(1606–1669)* ***„Das große Selbstbildnis“*** *(Bild rechts) und* ***„Das Pelzchen“*** *von* ***Peter Paul Rubens*** *(1577–1640, ganz rechts).*

Eine Erfolgsgeschichte ist das 2001 eröffnete ***Museumsquartier.*** *Während die ehemaligen kaiserlichen Hofstallungen (1725 von Joseph Emanuel Fischer von Erlach errichtet, Bild oben) der Gegenwartskunst gewidmet sind, befinden sich in den zwei modernen Museumsbauten die Sammlung Leopold (Schiele, Klimt u. v. m.) und das MUMOK mit Werken der klassischen Moderne (u. a. Warhol und Picasso).*

Im ***österreichischen Parlament*** *(großes Bild oben) tagt neben dem gesetzgebenden Organ der Republik, dem Nationalrat, auch der Bundesrat, die weniger bedeutende Länderkammer. Das Gebäude wurde von Theophil von Hansen im griechisch-römischen Stil entworfen und im Dezember 1883 eingeweiht. Über einem Brunnen vor dem Parlament steht die vier Meter hohe Figur der Pallas Athene.*
Hinter dem Parlament befindet sich der ***Wiener Justizpalast*** *(Bilder Mitte), der 1875 bis 1881 von Alexander Wielemans von Monteforte im Stil der Neorenaissance erbaut wurde.*

Eines der bedeutendsten Sprechtheater Europas ist das ***Wiener Burgtheater*** *(Bild rechts). Bis 1888 befand sich das Theater am Michaelerplatz nahe der Hofburg, dann übersiedelte man in das neubarocke Haus an der Ringstraße. Nach einem Bombenangriff 1945 brannte das Gebäude aus und konnte erst zehn Jahre später wiedereröffnet werden. An den Deckengemälden der beiden Stiegenhäuser (Bild oben:* ***die Kaiserstiege)*** *arbeitete auch Gustav Klimt.*

K.K. HOFBURGTHEATER
Buchhandlung Leporello
Kartenvorverkauf
Eingang Führungen

Als Wien im Jahr 1850 durch die Eingemeindung einiger Vorstädte erheblich wuchs, errichtete man an der Ringstraße ein neues, größeres ***Rathaus.*** *Die Fassade ist ein herausragendes Beispiel für einen Profanbau der Neugotik. Das Gebäude ist 152 Meter lang, 127 Meter breit und hat 1575 Räume.*

Einst Ort politischer Kundgebungen, wird der ***Rathausplatz*** *heute für Veranstaltungen aller Art genutzt, als Weihnachtsmarkt (Bild oben), Eislaufplatz (Bild rechts), Kino oder Ort für klassische Konzerte. Schrill und bunt geht es seit der Gründung 1992 beim* ***Life Ball*** *zu, Europas größter Benefiz-Veranstaltung zugunsten HIV-positiver und an AIDS erkrankter Menschen (Bild Mitte).*

Das Hauptgebäude der 1365 gegründeten ***Universität*** *(Bild oben links) wurde zwischen 1877 und 1884 von Heinrich von Ferstel geplant. Die* ***Votivkirche*** *(Mitte links) wurde als Dank für ein fehlgeschlagenes Attentat auf Kaiser Franz Joseph I. errichtet. Ihre beiden neogotischen Türme sind 99 Meter hoch. Oben rechts: Die* ***Börse.*** *Nach den großen Schäden des Zweiten Weltkriegs war die Eröffnung des 73 Meter hohen* ***Ringturms*** *(Mitte rechts) im Jahr 1955 ein Meilenstein beim Wiederaufbau der Stadt.*

Barockschlösser Schönbrunn und Belvedere

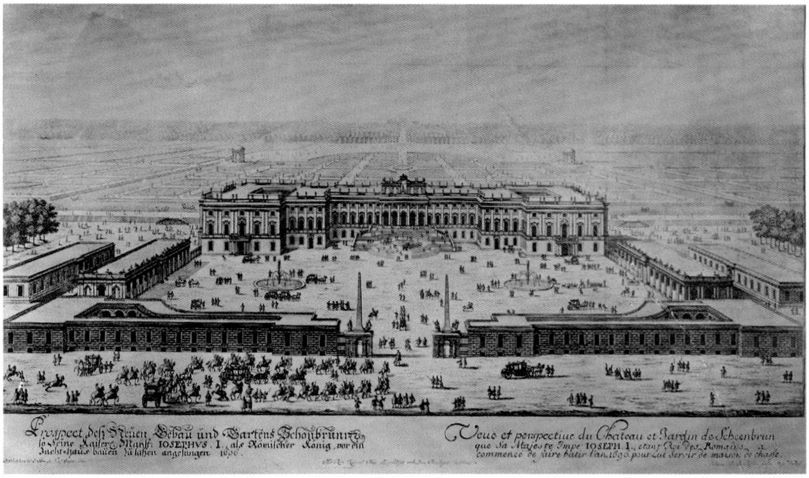

Zu den beliebtesten Sehenswürdigkeiten Wiens gehören die beiden imperialen Barockschlösser und Familiensitze der Habsburger, Schönbrunn und Belvedere. Während das Belvedere in unmittelbarer Nähe der Ringstraße liegt, befindet sich Schönbrunn etwa fünf Kilometer außerhalb der Innenstadt im 13. Wiener Gemeindebezirk.

Dem großen Barockarchitekten Johann Bernhard Fischer von Erlach (1656–1723) verdankt Wien bedeutende Baudenkmäler, etwa die Karlskirche oder den Prunksaal der Nationalbibliothek. Auch Schönbrunn geht auf seine Pläne zurück, wenngleich Maria Theresia, die diesen Ort liebte, das Schloss ab 1744 von Nikolaus von Pacassi umbauen und erweitern ließ.

Die geschichtliche Bedeutung Schönbrunns ist groß: über Jahrhunderte war es Sommerresidenz der Habsburger, Napoleon bezog hier zwischen 1806 und 1809 Quartier, während des Wiener Kongresses (1814/15) waren die Machthaber Europas zu Gast. Kaiser Franz Joseph I. wurde in Schönbrunn geboren und starb dort auch. Kaiser Karl I. unterschrieb 1918 in diesem Schloss seinen Regierungsverzicht und besiegelte damit das Ende der Donaumonarchie.

Als die Republik Österreich im Jahr 1919 per Gesetz das Vermögen der Habsburger übernahm, gelangte Schloss Schönbrunn in Staatsbesitz. Es wurde 1996 von der UNESCO als Weltkulturerbe anerkannt und wird jährlich von knapp zwei Millionen Menschen besucht.

Nach dem endgültigen Sieg über die Türken 1683 und der Annexion Ungarns erlebte Wien eine glanzvolle Periode. Ein prächtiges Zeugnis dieser Zeit ist der Sommersitz des berühmten Feldherren Prinz Eugen von Savoyen, das Schloss Belvedere. Das Barockensemble setzt sich aus dem Prunkschloss, dem 1721 bis 1723 erbauten Oberen Belvedere und dem deutlich kleineren, schon 1716 fertiggestellten Gartenpalais, dem Unteren Belvedere, zusammen. Die Schlösser verbindet eine prächtige Parkanlage.

Entworfen wurden diese Schlösser von Johann Lucas von Hildebrandt (1668–1745), dem als Architekten ähnliche Bedeutung zukommt wie Fischer von Erlach. Nach dem Tod Prinz Eugens fiel das Belvedere in den Besitz der Habsburger. Heute befindet sich eine bedeutende Kunstsammlung, die Österreichische Galerie Belvedere, in seinen Räumlichkeiten.

Einen prächtigen Blick über den 1,6 Quadratkilometer großen Schlosspark hat man von der 1775 errichteten ***Gloriette*** *(Bild oben). Im Jahr 1880 gab Kaiser Franz Joseph I. den Bau des* ***Palmenhauses*** *(Bild unten) in Auftrag, um die habsburgischen Pflanzensammlungen in würdigem Rahmen zu präsentieren. Bild Seiten 68/69:* ***Schloss Schönbrunn,*** *Nordfassade mit Ehrenhof.*

Bild oben: Blick von der Gloriette über den Park und die ***Südfassade von Schloss Schönbrunn.***

Kaiser Franz I. Stephan von Lothringen, der die Staatsgeschäfte seiner Gemahlin Maria Theresia überließ, widmete sich ganz den Naturwissenschaften. Er gründete 1752 den ***Schönbrunner Tiergarten*** *(Bilder Mitte), ein Jahr später den Botanischen Garten. Der Zoo, er ist der älteste der Welt, sorgte im Jahr 2007 mit der Geburt von Panda-Baby Fu Long für eine Sensation; man züchtet hier auch erfolgreich Eisbären, Elefanten und Sibirische Tiger.*

Die 40 Meter lange ***Große Galerie*** *(Bild oben links) ist das Herzstück des Schlossgebäudes, sie wird bis heute für festliche Veranstaltungen verwendet. Die Deckengemälde sind Werke des Italieners Gregorio Guglielmi. Weitere Prunkräume:* ***Rösselzimmer*** *(oben rechts);* ***Marie-Antoinette-Zimmer*** *(Mitte links);* ***Chinesisches Kabinett*** *(von Maria Theresia für Geheimkonferenzen genutzt, Mitte rechts);* ***Vieux-Laque-Zimmer*** *(Arbeitszimmer Kaiser Franz I. Stephans, unten rechts).*

Im Jahr 1736 entstand durch die Heirat des Herzogs von Lothringen, dem späteren Kaiser Franz I. Stephan von Lothringen mit Erzherzogin **Maria Theresia** *(Bild oben), der Erbin des Hauses Habsburg, das Herrscherhaus Habsburg-Lothringen.*
Das Kaiserpaar führte eine glückliche Ehe und schenkte 16 Kindern das Leben. Obwohl nie zur Kaiserin gekrönt, lenkte Maria Theresia 40 Jahre lang die Regierungsgeschäfte der Monarchie. Sie führte wichtige Reformen durch und setzte sich als Bauherrin zahlreiche Denkmäler.

*Das **Obere Belvedere** (Bild rechts) diente von Anfang an der Repräsentation, bewohnt wurde hauptsächlich das untere Schloss. Das **Haupttor** (Bild oben) trägt den Löwen, das Wappen Prinz Eugens. Die **Sala Terrena** im Erdgeschoß (Bild Mitte) ist ein Gartensaal italienischer Prägung, dessen Gestaltung auf die Studienzeit des Architekten Johann Lukas von Hildebrandt in Rom zurückzuführen ist.*

*Das **Untere Belvedere** (großes Bild oben) wurde bereits 1716 fertiggestellt. Wichtige Bestandteile sind die Orangerie und der Prunkstall. Im **Marmorsaal** (Bild Mitte links) ist das Original des Mehlmarktbrunnens aus Bleiguss von Georg Raphael Donner zu sehen, im **Goldkabinett** steht die Marmorstatue Prinz Eugens von Balthasar Permoser (um 1718, Bild Mitte rechts).*

Nicht nur die herausragende Sammlung von Werken Gustav Klimts (Bild oben links: „Der Kuss") macht die ***Kunstsammlung des Belvedere*** *zu einer der bedeutendsten der Welt. Weitere berühmte Gemälde sind: Claude Monet „Weg in Monets Garten in Giverny" (oben rechts); Selbstporträt Ferdinand Georg Waldmüller (links); Egon Schiele: „Die Umarmung" (Mitte rechts).*

Modernes, lebenswertes Wien

Wien ist die lebenswerteste Stadt der Welt – zumindest wenn man einer Studie der Unternehmensberater von Mercer glaubt, die 221 Metropolen weltweit miteinander verglichen haben. Woran das liegt? Wien punktet mit einer bestens funktionierenden Infrastruktur und gilt als eine der sichersten Großstädte überhaupt. Die Wahrscheinlichkeit, einem Mord zum Opfer zu fallen, ist in Wien sechs Mal geringer als etwa in New York. Erfreulich sind auch die Umweltbedingungen in Wien, kaum eine andere Großstadt ist so grün. In der Innenstadt locken dutzende Parks, wichtige Naherholungsgebiete sind der Wienerwald und Abschnitte des Donauufers, etwa der Nationalpark Lobau, die Prater-Auen oder die Donauinsel.

Wien bietet ein geradezu sensationelles Angebot an Musik- und Theaterveranstaltungen und ist daneben auch Europas führende Messestadt. Wer eine junge Kulturszene sucht, muss vielleicht etwas genauer hinsehen, doch auch er wird fündig: Es gibt innovative Galerien und Kunsträume wie „inoperable", „das weisse Haus", „Magazin", „Metalab" oder „Esel Rezeption". Auch Musikfestivals wie „BLK River" oder „sound:frame" sorgen für frischen Wind. Als junge, studentische Viertel gelten in Wien die Gegenden rund um den Naschmarkt, den Karmelitermarkt und den Yppenplatz, sowie das Museumsquartier und Teile der Bezirke sechs bis acht, also Mariahilf, Neubau und Josefstadt. Es existieren Off-Theater (Rabenhof, Schauspielhaus), eine lebendige Filmszene (Oskar-Auszeichnung für „Die Fälscher" von Stefan Ruzowitzky im Jahr 2008), Designershops (speziell in der Lindengasse) und Design- und Modeevents (die Vienna Fashion Week, Vienna Design Week, die Messen „Modepalast", „Home Depot", „Blickfang"). Einen Überblick über die bunte Wiener Kultur- und Musikszene gibt die Wochenzeitung „Falter".

Bildbände wie dieser widmen sich meist ausschließlich historischen Gebäuden aus der Zeit der Gotik, Renaissance oder des Barock. Für Wien wäre solch ein Focus eindeutig zu eng, immerhin wurde hier vor gut 100 Jahren eine eigene Kunstrichtung geprägt: der Wiener Jugend- oder Secessionsstil. Aber auch, was die zeitgenössische Architektur betrifft, ist Wien ein spannender Ort: Mit der Errichtung der UNO-City, Amtssitz der Vereinten Nationen, startete in den 1970er Jahren ein ambitioniertes Bauprojekt, das am linken Donauufer im Bereich der Reichsbrücke einen neuen Stadtteil entstehen ließ. Gegenwärtig wächst dort ein 220 Meter hoher Büroturm, der DC-Tower, in die Höhe, der 2013 den Vienna Twin Tower auf dem Wienerberg als höchstes Bürogebäude Wiens ablösen wird.

Der **Naschmarkt** ist eine Wiener Spezialität, sein buntes, geschäftiges Treiben trägt viel zur Lebensfreude der Stadt bei. Um das Jahr 1780 wurde der Markt von der Freyung hierher verlegt, seine heutige Form mit den typischen Ständen und Geschäften entstand während des Ersten Weltkriegs.

Von Montag bis Samstag werden hier Obst, Gemüse, Backwaren, Fisch und Fleisch gehandelt. Zwischen den Jahren 2000 und 2004 wurden viele Stände zu Restaurants umgebaut – ein erfreulicher, belebender Trend, der jedoch mittlerweile durch ein Verbot gestoppt wurde.

MARCHFELD
1kg €10
MARCHFELD
SPARGEL

Heftig kritisiert wurde 1972 die Aufschüttung der ***Donauinsel*** *(Bild oben, Blick vom Leopoldsberg) als Teil umfangreicher Maßnahmen zum Schutz vor Hochwasser. Heute erfüllt die 21 Kilometer lange und bis zu 250 Meter breite Insel ihren Zweck mustergültig und ist darüber hinaus als Naherholungsgebiet der Wiener nicht mehr wegzudenken. Um die Donauinsel zu begrünen, wurden etwa 170 Hektar Wald angelegt.*
Die künstliche Insel trennt die Donau in zwei Arme: Während der westliche ***Hauptstrom*** *dem Schiffsverkehr vorbehalten ist (Bild rechts), steht die* ***Neue Donau*** *Badenden zur Verfügung (Bilder Seite 83, unten). Hier hat sich auch ein beliebtes Vergnügungsviertel etabliert, die* ***Copa Cagrana*** *(Bild Seite 83, oben).*

Zeitgenössische Architektur in Wien: *Die* ***Gasometer,*** *vier ehemalige Gasbehälter aus dem Jahr 1896, sind heute moderne Wohn- und Geschäftshäuser (großes Bild oben). Der Künstler Friedensreich Hundertwasser gestaltete Turm und Fassade der* ***Müllverbrennungsanlage Spittelau*** *(Mitte links). Bild Mitte rechts: Büroturm einer Verlagsgruppe und neues* ***Hotel am Donaukanal.***
Bilder Seite 84: Hochhaustürme. Die ***Donaucity*** *mit dem* ***Hauptquartier der Vereinten Nationen*** *(großes Bild), der* ***Milleniumstower*** *(unten links) und der* ***Vienna Twin Tower*** *(unten rechts).*

Der Wiener Prater

Meist wird der Wiener Prater einzig mit dem weltberühmten Vergnügungspark assoziiert. Dabei wird übersehen, dass es sich hier um eine weitläufige öffentliche Parkanlage handelt, die auch heute noch zu großen Teilen aus Aulandschaften besteht. Das Gebiet des Praters erstreckt sich über sechs Quadratkilometer und ist damit drei Mal größer als das Fürstentum Monaco. Im Jahr 1564 gelang es Kaiser Maximilian, den Prater von mehreren Grundbesitzern zu erwerben, um ein umzäuntes Jagdrevier anzulegen (Jagden fanden im Prater bis 1920 statt).

*Das **Ernst-Happel-Stadion** (Bild rechts) wurde 1931 eingeweiht. Es fasst etwa 50.000 Zuschauer und zählt zu den schönsten Fußballarenen Europas.*

*1766 gab Kaiser Joseph II. den Prater zur öffentlichen Nutzung frei und legte damit auch den Grundstein zur Entstehung des **Vergnügungsparks Prater** (Bild unten).*

Zum 50sten Thronjubiläum Kaiser Franz Josephs I. im Jahr 1897 wurde das ***Wiener Riesenrad*** *(Bild oben) eröffnet. Es war seinerzeit das größte Riesenrad der Welt und ist heute ein Wahrzeichen Wiens.*

Bildnachweis

Alle Bilder © Katrin Georg, Bernhard Helminger und Reinhard Tripp, mit den folgenden Ausnahmen:

Schottenstift/Wien: 7; **René van Bakel**/picturedesk.com: 8/oben rechts, 17/Mitte rechts, 34, 35/oben, 71/unten links; **Bildarchiv Monheim:** 10 (alle), 12, 13/oben links, unten rechts, unten links; **Starpix**/picturedesk.com: 13/oben links; **Berthold Steinhilber**/laif: 14; **Colorama Verlag:** 15; **Cintract Romain**/laif: 19; **Alfred Schauhuber**/picturedesk.com: 20/Mitte; **S. Tauqueur**/picturedesk.com: 20/oben; **McPhoto**/picturedesk.com: 20/unten links, 21/oben rechts; **Klaus Titzer**/picturedesk.com: 21/unten links; **Ernst Weingartner**/picturedesk.com: 22/Mitte, 63/unten; **Gerhard Vlcek:** 28, 30/31, 42/oben, 47/oben, 48/unten links, 49/oben, 59/oben, 62, 70/oben, 75, 78, 82/unten; **Österreichische Nationalbibliothek:** 29, 37; **Milenko Badzic**/picturedesk.com: 33/unten links; **Roland Schlager**/picturedesk.com: 35/Mitte rechts, 66; **Joe Klamar**/picturedesk.com: 35/unten links; **Kunsthistorisches Museum**/Wien: 36/oben links, Mitte links, unten links, 54/Mitte links, unten links, 58/oben links, oben rechts; **Picturedesk.com:** 38/oben, 67; **Karl Thomas**/picturedesk.com: 39/Mitte rechts; **Franz Pritz**/picturedesk.com: 40, 49/unten; **Wiener Linien:** 41; **Gerald Zugmann**/MAK/Wien: 43 (both); **Willfried Gredler-Oxenbauer**/picturedesk.com: 44/oben, 83/unten links; **Rainer Mirau**/picturedesk.com: 45/unten rechts, 48/Mitte links; **Ali Schafler**/picturedesk.com: 52/oben, 70/unten, 84/unten rechts; **Michael Pöhn**/Wiener Staatsoper: 52/unten; **Thomas Jantzen**/picturedesk.com: 53/oben; **Georg Hochmuth**/picturedesk.com: 53/unten links, 58/unten; **Alexander Tuma**/picturedesk.com: 53/Mitte rechts; **Julius Silver:** 56/57, 63/oben, 85/oben; **Georg Soulek**/Burgtheater: 60/oben links; **Reinhard Werner**/Burgtheater: 60/Mitte links; **Robert Kalb**/picturedesk.com: 64/oben, 79; **Marcus E. Deak**/picturedesk.com: 64/Mitte links; **Koichi Sato**/picturedesk.com: 64/unten rechts; **Hans Wiesenhofer**/austrianviews.at: 68/69; **Herrgott Ricardo**/picturesdesk.com: 71/Mitte links; **EXPA**/picturedesk.com: 71/Mitte, **Hans Klaus Techt**/picturedesk.com: 71/Mitte rechts; **Gerhard Trumler**/Imagno/picturedesk.com: 72/oben rechts, 72/unten rechts, 74/Mitte; **Edgar Knaak**/Imagno/picturedesk.com: 72/Mitte links; **Alexander Koller**/Imagno/picturedesk.com: 72/oben links, 72/Mitte rechts; **Martin van Meytens**/de.wikipedia.com: 73; **Rainer Hackenberg**/picturedesk.com: 76/Mitte links; **Balthasar Permoser**/Imagno/picturedesk.com: 76/Mitte rechts; **Gustav Klimt**/de.wikipedia.org: 77/oben links; **Claude Monet**/de.wikipedia.org: 77/oben rechts; **Ferdinand Georg Waldmüller**/ commons.wikimedia.org: 77/unten links; **Egon Schiele**/zeno.org: 77/Mitte rechts; **Gindlfoto**/picturedesk.com: 80/oben; **Herbert Neubauer**/picturedesk.com: 83/unten rechts; **Chromorange**/picturedesk.com: 84/oben, unten links; **Cezary Wojtkowski**/picturedesk.com: 85/Mitte links; **Fabian Bimmer:** 86/oben; **Cathrine Stukhard**/laif.de: 86/unten.

Die Sehenswürdigkeiten der Wiener Innenstadt

1. Stephansdom
2. Kapuzinerkirche, Kaisergruft
3. Peterskirche
4. Schottenstift, Freyung
5. Platz und Kirche Am Hof
6. Judenplatz, Jüdisches Museum
7. Kirche „Maria am Gestade"
8. Hoher Markt, Anker-Uhr
9. Ruprechtskirche
10. Dominikanerkirche
11. Jesuitenkirche
12. Urania
13. Stadtpark, Johann-Strauss-Denkmal
14. Karlskirche, Karlsplatz
15. Naschmarkt, Secession
16. Staatsoper
17. Hofburg
18. Kunsthistorisches Museum Naturhistorisches Museum
19. Museumsquartier
20. Parlament
21. Burgtheater
22. Rathaus
23. Universität
24. Votivkirche